DE

L'ASSISTANCE PUBLIQUE

AU HAVRE

PAR

Le D' GIBERT

MEMBRE DU CONSEIL SUPÉRIEUR DE L'ASSISTANCE PUBLIQUE

SE VEND 2 FRANCS

Au profit de la Société protectrice de l'Enfance

HAVRE

IMPRIMERIE DU COMMERCE

3, RUE DE LA BOURSE, 3

1891

DE

L'ASSISTANCE PUBLIQUE

AU HAVRE

IMPRIMERIE LEMALE ET Cⁱᵉ, HAVRE

DE

L'ASSISTANCE PUBLIQUE

AU HAVRE

PAR

Le D' GIBERT

MEMBRE DU CONSEIL SUPÉRIEUR DE L'ASSISTANCE PUBLIQUE

SE VEND 2 FRANCS

Au profit de la Société protectrice de l'Enfance

HAVRE

IMPRIMERIE DU COMMERCE

3, RUE DE LA BOURSE, 3

1891

L'ASSISTANCE PUBLIQUE

AU HAVRE

————— ✳ —————

A Messieurs les Membres du Conseil Municipal.

MESSIEURS,

Vous avez nommé une Commission pour s'occuper des réformes à apporter, si cela est possible, à l'assistance publique. J'avais préparé pour elle un travail que je vous adresse aujourd'hui, travail dont j'ai dû retarder la publication pour plusieurs motifs.

Je voulais visiter une ville où fonctionne une de ces grandes Sociétés de charité, dont j'aurai à parler, et je n'ai pu le faire qu'au mois d'août dernier. Je voulais attendre le résultat du concours sur l'organisation des bureaux de bienfaisance provoqué par le Conseil municipal de Paris, et je n'ai eu le rapport de M. Strauss que ces jours derniers ; enfin, il me semblait de la plus simple convenance d'attendre la fin de notre crise municipale.

Vous trouverez dans ce travail les éléments d'une étude qui aurait pu être plus étendue, mais qui, telle qu'elle est, recevra je l'espère un bon accueil, n'étant dictée que par le désir du bien général, et par une conviction et une expérience déjà anciennes.

La Révolution française, vous le savez, avait par l'organe de Larochefoucauld-Liancourt posé les véritables principes qui régissent l'assistance publique. Dans son rapport, au retour d'une enquête faite à Londres, le célèbre constituant demandait qu'une loi rendît l'assistance obligatoire, et il fallut pour que ce vœu ne se réalisât point la série des événements politiques de cette période agitée.

En 1801, le ministre de l'intérieur, Chaptal, le meilleur administrateur qu'ait eu la France disait :

« Le premier soin de l'Administration après avoir constaté l'état de maladie doit être de s'assurer si le malade peut être soigné dans sa maison. Ce genre de secours à domicile dont on retire de si grands services partout où il est établi présente encore une grande économie pour les hôpitaux. Si on ajoute à cet avantage la consolation que doivent éprouver des pères et des mères lorsqu'ils peuvent être soignés dans leur propre lit par les mains de leurs enfants, on n'hésitera pas à penser qu'on ne doit admettre dans les hôpitaux que les êtres qui n'ont ni feu, ni lieu, ni parents. »

Et plus loin :

« Les hôpitaux ne devraient être ouverts qu'à ceux qui n'ont point de famille ; car l'administration paternelle doit les fermer à tous les malades qui peuvent recevoir des soins domestiques dans leur famille. »

Il a fallu plus d'un siècle pour que l'assistance publique fût enfin en harmonie avec les vœux des constituants ou de Chaptal, et c'est seulement depuis 3 ans qu'un grand progrès a été fait dans cette voie. En effet, toutes les branches de l'assistance ont été réunies en une seule direction au ministère de l'Intérieur, et le directeur de cette division, M. Henri Monod, habile administrateur, a demandé dès son entrée en fonctions, et obtenu du ministère, la création d'un Conseil supérieur de l'assistance publique. Le Conseil a été réuni pour la première fois sous le ministère de M. Floquet, et dès sa première séance, il a mis à l'étude plusieurs des questions fondamentales qui concernent l'assistance publique. Je ne vous rappellerai ici, pour les besoins de la cause que je veux plaider devant vous, que la préparation du grand projet de loi sur l'organisation de la médecine gratuite dans les campagnes ; membre de la 2e section qui l'a préparé, j'ai participé à ses travaux dans la mesure de mes moyens et j'engage le Conseil municipal à étudier avec soin l'exposé des motifs de ce projet, qui a été déposé il y a 6 mois à la tribune de la Chambre par M. Constans et trois de ses collègues au ministère. Les principes qui ont dirigé le Conseil supérieur dans la rédaction du projet de loi sont les suivants, et je dois dire qu'ils n'ont rencontré d'opposants ni dans la 2e section, ni dans l'assemblée générale de toutes les sections, qui en a discuté les articles :

La base de l'assistance, c'est *le traitement et le secours à domicile. L'hospitalisation comme ressource extrême.*

Le traitement à domicile a pour annexes : le dispensaire ou l'infirmerie, qui sont institués obligatoirement par la loi ; et c'est seulement quand ces premiers moyens de traitement sont reconnus insuffisants, qu'apparaît l'hôpital cantonal dont la création est également obligatoire.

La loi définit le domicile de secours qui est la commune, ou un syndicat de communes, ou bien le département ou enfin l'État.

Dans cet exposé on voit qu'en France l'hospitalisation a pris un développement excessif et coûteux, à ce point que la moyenne des lits vacants est, en tout temps, de 40 0/0, c'est-à-dire qu'il y a en France assez de lits vacants pour soigner 15,000 malades de plus, à n'importe quel moment de l'année.

On y établit que c'est faute d'un service de secours médicaux à domicile qu'on reçoit dans les hôpitaux, à titre onéreux des personnes qui pourraient très utilement être soignées dans leurs familles.

Les principes posés par le projet de loi sur l'assistance dans les campagnes sont ceux dont on ne devrait pas se départir dans les villes, malgré les difficultés que présente une bonne organisation, et je crois qu'au Havre, s'ils étaient suivis, ils permettraient de réaliser des économies considérables.

Or que trouve-t-on au Havre ?

L'assistance publique coûte cher, et si l'on met bout à bout toutes les sommes qu'elle emploie on arrive à un total qui se rapproche, toute proportion gardée, de celui de Paris ou de Londres ; or notre ville n'a aucune des ressources de ces grandes capitales. Notre budget officiel d'assistance se monte à 1,444,972 francs, sans compter le diaconat protestant, sans compter les petites sœurs, les deux dispensaires d'enfants, sans compter enfin les charités des églises et des particuliers. En résumé nous payons pour l'assistance publique 12 à 13 fr. par an et par habitant alors que notre chiffre normal devrait être de 6 à 7 fr.

Un chiffre aussi élevé ne peut s'expliquer que par l'accroissement continu de l'assistance hospitalière. L'hospitalisation d'un malade est en effet un procédé simple et facile et qui met tout le monde à l'aise : le malade qui trouve tout de suite un remède à ses maux ; la société qui s'en débarrasse sans arrière-pensée ; les personnes charitables dont la sympathie ou la pitié sont apaisées. Le malheur est (sans compter le point de vue moral, dont, de parti pris, je ne veux pas parler) que ce remède si simple est devenu horriblement coûteux.

J'ai demandé au ministère de l'Intérieur (division de l'Assistance publique) combien la ville du Havre devait avoir de lits d'hôpital et d'hospice pour répondre aux besoins d'une assistance hospitalière normale pour elle et pour les communes de son rayon d'assistance.

La réponse est la suivante (12 novembre 1890) : Le Havre (110,000 hab.) devrait avoir pour subvenir à ses besoins hospitaliers et à ceux de toutes les communes suburbaines :

> 120 lits d'hôpital.
> 93 lits d'infirmerie.
> 165 lits de vieillards.
>
> Total.... 378 lits.

Or, la ville du Havre possède 1,587 lits, c'est-à-dire un chiffre suffisant pour subvenir aux besoins d'une ville de 450,000 âmes. Comment un pareil écart peut-il s'être produit? On dira sans doute que M. le Directeur de l'Assistance publique et ses collaborateurs font une œuvre théorique et qu'ils ignorent les réels besoins hospitaliers d'une grande ville. Cette réponse ne peut pas avoir de fondement, car à l'Assistance publique le travail de répartition se fait pour pouvoir mettre en pratique le nouveau projet de loi sur l'assistance en France, et par conséquent tient compte, forcément, de toutes les données du problème.

M. le Dr Drouineau, inspecteur des établissements de bienfaisance, avait fait ce travail et, d'après lui, le chiffre nécessaire à la ville du Havre ne serait que de 110 lits d'hôpital et de 165 lits de vieillards.

Le ministère a admis une base bien plus large.

Il résulte de ces chiffres que la ville du Havre a donné une formule trop simple à la solution du problème de l'assistance. Malade et hospitalisation, voilà la formule. Au grand détriment des vrais principes qui sont : malade, traitement à domicile, et comme ressource extrême, hospitalisation. Notre ville paie cher la simplicité de cette formule et pour revenir en arrière il faudra un effort, dont une administration très énergique, sera seule capable.

ÉTAT ACTUEL DE L'ASSISTANCE PUBLIQUE AU HAVRE

Bureau de bienfaisance.

Le Bureau de bienfaisance de notre ville fonctionne de la manière la plus satisfaisante, étant donné le chiffre de ses ressources, et il suffit de lire les comptes rendus annuels pour voir avec quelle sagesse il est dirigé. Ce qui lui manque, ce n'est ni la bonne volonté, ni le dévouement des administrateurs, c'est d'avoir une organisation plus complète. Les critiques que je lui adresserai, dans le cours de ce travail, ne portent donc point sur la gestion qui, encore une fois, est digne de tout éloge, mais sur les vices de son organisation. Tel qu'il fonctionne, il laisse tout entier le problème du paupérisme dans notre ville, et, d'année en année, il devient plus évident que la charité officielle est incapable de le résoudre.

Le mouvement de la population indigente comportait au 31 décembre 1888, 8,328 personnes de tout âge secourues, soit une proportion de 7,45 sur 100 habitants. 899 ménages sont secourus à titre permanent; 1,186 ménages le sont à titre temporaire. Ces chiffres ont d'autant plus d'importance qu'ils n'indiquent qu'une faible partie de la gravité de la situation, puisqu'il faut leur ajouter tous les indigents qui reçoivent les secours médicaux et tous ceux bien plus nombreux que le règlement du Bureau de bienfaisance ne lui permet pas de secourir ; les familles de 4 enfants « seules » ayant droit à ses secours.

Dans l'année 1888, 98 demandes de secours avaient été refusées, et si on s'en rapporte aux tableaux parallèles de l'hospice, à la même date, on voit que le nombre des indigents croissait d'une manière inquiétante.

Les dépenses (1888) ont atteint le chiffre de 254,910 fr. Si nous décomposons ces chiffres pour mieux en apprécier la nature, nous voyons que les secours médicaux, y compris les médecins, pharmaciens et sages-femmes, ont coûté 38,603 14.

Les secours en nature ont été de 134,527 fr.

Ceux en argent ont été de   18,622 fr.

Le compte rendu donne le chiffre de 93 fr. 88 par ménage, et de 23 fr. 65 par indigent.

Pour apprécier d'une façon lucide les services que rend le Bureau de bienfaisance, il faut établir les deux grandes catégories d'assistés : indigents invalides ou malades ; indigents valides.

Indigents malades. — Secours médicaux.

Les secours médicaux comportent deux grandes divisions :
1° Consultations aux bureaux.
2° Visites à domicile.

14 médecins sont rattachés au Bureau de bienfaisance, dont un spécialiste pour les maladies d'yeux.

CONSULTATIONS

Dans l'année 1888, 21,379 consultations ont été données et 20,697 pansements ont été faits.

Le nombre des ordonnances a été de 25,991.

Ces chiffres, en bloc, présentent une grosse lacune qu'il ne m'a pas été possible de combler. En effet, les 21,379 consultations ont été données à combien de malades ? On ne le sait pas, et cela parce qu'aucun registre n'est tenu. Dans aucun bureau, sauf à la consultation du Dr Brunschvig, il n'existe de registre où le nom, l'adresse, le diagnostic de chaque consultant soient inscrits. Dès lors, impossible de se faire une idée exacte du mouvement des malades. Tel malade peut venir 50 fois dans une année, tel autre une fois seulement. Il faudrait le savoir. Même lacune pour l'explication des ordonnances. A combien de malades les 25,991 ordonnances ont-elles été distribuées ? Impossibilité de s'en rendre compte.

Cette lacune a une bien plus grande importance quand il s'agit des pansements. Le chiffre de 20,697 se décompose comme suit :

Section Sud............	16,500	pansements.
— Nord............	900	—
— Est............	5,700	—
— Eure............	315	—

Les 16,500 pansements de la section sud ont été faits par une sœur, qui a conquis une légitime popularité dans notre ville, mais le chiffre indiqué comprend aussi bien les dents arrachées que les panaris ouverts, les plaies pansées, etc. Aucun registre n'indique le nombre des malades qui ont eu recours à l'habileté de la religieuse de ce bureau.

Une autre lacune plus grave et qui touche à l'organisation du service médical est celle-ci : les pansements faits dans les bureaux ne sont pas faits, ni surveillés par les médecins des bureaux, et cela seul constitue une faute soit au point de vue de la responsabilité du Bureau de bienfaisance, soit au point de vue des résultats obtenus qui peuvent être très contestables.

Dire que 16,500 pansements ont été faits sans aucune autre mention, ce n'est pas une statistique ; c'est un chiffre sans valeur. Rien ne serait plus facile que de spécifier à qui ces pansements s'appliquent, pour quelles catégories de maladies, et enfin quels sont les résultats obtenus. C'est seulement alors qu'on poura se faire une idée exacte de ce que valent les soins des bureaux de notre ville. Les consultations, d'après le règlement, devraient avoir lieu deux fois par semaine, pour chaque médecin ; elles n'ont lieu qu'une fois.

Le chiffre en bloc des consultations pour une année (1888) est de 21,379, ce qui, pour 300 jours, en supprimant les dimanches et les jours fériés donne une moyenne de cinq consultations par médecin et par jour ; ce chiffre est évidemment au-dessous de la vérité; il suffit pour s'en convaincre d'interroger les médecins. Cette erreur, qui nuit à l'ensemble du travail accompli, provient de l'absence d'un registre où devraient être inscrits non seulement les noms et l'adresse et le diagnostic de chaque malade, mais tout ce qui le concerne (pansements, nombre de visites faites, etc., etc.).

VISITES A DOMICILE

En 1889, le nombre des visites à domicile a été de 4,792, ce qui, pour 13 médecins (le médecin oculiste ne faisant pas, je crois, de visites à domicile), représente une visite par jour faite par chaque médecin. C'est peu, et probablement au-dessous de la vérité. Si ce chiffre était exact, il faudrait en conclure que l'assistance médicale à domicile dans notre ville est réduite à son minimum, et hors de toute proportion avec les nécessités d'un pareil service.

Chaque médecin reçoit 800 francs, et, d'après le compte rendu, on peut en justifier l'emploi de la manière suivante :

363 visites par an.

50 séances de consultations par année, ce qui représente un peu moins de 2 francs par visite et par séance de consultation. Si l'on veut prendre pour chaque médecin le nombre des malades qu'il voit, soit à la consultation, soit en visite, on arrive au chiffre de................ 363

$$\text{Plus } 50 \times 8 = \underline{\quad 400 \quad}$$

Total............... 763

Soit un peu plus d'un franc par malade. Je ne me fais d'ailleurs aucune illusion sur ce genre d'appréciation qui ne peut être qu'approximative. Mais, telle qu'elle est, elle me permet de conclure que l'assistance médicale du Bureau de bienfaisance ne répond pas à ce qu'on peut attendre d'elle, dans une ville de cent mille habitants, et cela, faute d'une meilleure organisation, et non pas faute de bon vouloir, ni de la part des médecins, ni de la part des administrateurs.

Jamais, en effet, avec un service aussi incomplet, on ne résoudra le problème de l'assistance. Les malades non soignés à domicile vont à l'hôpital, et c'est pourquoi l'assistance coûte cher.

Quel est le nombre des malades assistés par le Bureau de bienfaisance qui vont à l'hôpital? Question facile à poser, mais impossible à résoudre. En effet pour connaître ce chiffre le Bureau a recours à une simple opération d'arithmétique dont le résultat est plus que problématique au point de vue d'une statistique sérieuse. Étant donné que le prix d'une course de voiture est de 1 fr. 50, le Bureau se borne à diviser la somme totale des dépenses pour le transport des malades à l'hôpital par ce prix et trouve de cette manière 292 malades hospitalisés en 1888. Il faut donc supposer qu'aucun d'eux n'y va à pied, et que le même malade n'y va jamais qu'une fois par an.

Si l'on s'adresse à la direction de l'hospice, ce n'est pas 292 qu'on trouve, mais 25. On voit que l'écart est grand, et qu'on ne peut tirer aucune déduction de ces chiffres contradictoires.

Mais, dira-t-on, si les médecins ne font qu'une visite par jour, c'est qu'on ne leur en demande pas davantage, par conséquent le traitement à domicile est suffisant. Je me permets d'en douter. Je suis certain que si on organisait autrement cette partie du service, chaque médecin aurait un travail plus sérieux et plus productif à accomplir.

En effet les indigents du Bureau qui ont besoin d'un médecin doivent se munir d'une carte; ils la portent chez le médecin à toute heure du jour, et ce n'est que le lendemain, quelquefois le surlendemain que le médecin se rend à son appel. Le malade impatienté a eu le temps de gagner l'hôpital. Sur un sujet pareil, d'ailleurs, ce sont les intéressés c'est à-dire les médecins qu'il faut interroger et il sera bien facile au Conseil municipal de les réunir pour leur demander leur opinion sur le traitement à domicile.

Indigents valides.

Cette partie du service du Bureau de bienfaisance est faite, je le crois, très sérieusement, soit par les religieuses attachées au bureau, soit par les dames de charité, dévouées les unes et les autres, comme toute la population du Havre le sait; elles font des visites très utiles à domicile, et les renseignements qu'elles obtiennent de visu sont de ceux dont toute organisation de bienfaisance peut se servir avec fruit. Mais en est-il de même de ceux que soit le Bureau de bienfaisance, soit des personnes charitables se procurent par l'intermédiaire du bureau de renseignements institué à la Mairie ? Croit-on qu'un employé de bureau puisse être renseigné d'une manière satisfaisante ?

Mais sa qualité officielle même mettra l'indigent à secourir sur ses gardes, ou l'intimidant empêchera ses révélations intimes et douloureuses qui seules permettent de juger du degré de sa misère, et quand l'agent voudra s'éclairer au moyen d'une enquête faite chez les voisins, il y a gros de risques, qu'elle soit incomplète ou erronée, et peut-être même viciée par l'animosité ou l'envie. Non, ce qu'il faut pour une œuvre aussi délicate c'est la sympathie individuelle, le « friendly visitor », c'est-à-dire le visiteur amical, visiblement empressé à secourir, à relever, sachant entrer dans tous les détails, et c'est alors seulement qu'il peut rapporter de cette enquête un compte rendu très net de la situation.

Ce n'est donc pas un bureau de renseignements, quelque excellent qu'il soit, qu'il nous faudrait posséder, mais une agence de renseignements avec un personnel choisi dans chaque quartier, et cette agence elle-même ne doit être qu'un rouage dans une organisation générale de bienfaisance.

Disons ici que les indigents du Havre non secourus par le Bureau sont très nombreux, puisque le règlement du Bureau est très sévèrement limitatif.

Que deviennent alors tous ces malheureux ? Ils assiègent nos demeures ; ils s'adressent aux familles aisées et particulièrement à celles qu'une longue habitude de la charité désigne à leur attention. Ils prennent des habitudes de paresse, de mendicité et deviennent ainsi une véritable plaie sociale. Nous verrons dans la dernière partie de ce travail comment on peut guérir cette hideuse plaie qui chaque jour de l'année s'étale sous nos yeux.

Malgré ces lacunes que je viens de signaler, notre Bureau de bienfaisance rend de très grands services à la ville du Havre. Cela est incontestable.

HOPITAUX ET HOSPICES DU HAVRE

Je me servirai pour continuer ce travail du compte moral de l'exercice 1888 et des documents, qu'avec une parfaite courtoisie, dont je le remercie, M. Laplanche, directeur, a mis à ma disposition. Le compte moral s'ouvre par la constatation de l'état fâcheux de l'Assistance; les demandes affluent, on est obligé de les refuser. Il faut créer un pavillon de 150 lits. La population des malades (à l'exclusion de ceux de l'hospice, enfants et vieillards) a fourni 162,899 journées pour 5,230 malades. Le prix de la journée est de 3 fr. 17, non compris l'intérêt du capital ; 4 fr. 17, ce dernier compris.

Le prix de journée d'une femme admise à la Maternité est de 4 fr. 40. La durée moyenne de séjour d'un malade est de 31 jours.

Ces chiffres donnent d'emblée une idée suffisante du mouvement de la population malade de notre ville et des frais du traitement hospitalier. Mais pour le but que je me propose, il faut entrer dans des détails circonstanciés, c'est-à-dire catégoriser les malades, et c'est seulement alors qu'on acquerra la conviction qu'on peut ou qu'on ne peut pas réaliser des économies sur notre budget de l'assistance. Il est clair, en effet, que de simples rhumes, de simples indispositions gastriques, etc., etc., ne constituent pas des états morbides sérieux. Si on prend l'habitude de simplifier l'assistance au point que tout individu pauvre, voulant faire des économies de temps et de frais de traitement, n'ait qu'à se présenter à l'hôpital pour y être admis fût-ce pour la moindre indisposition, il n'y aura pas de budget capable de résister à pareille invasion. On dit bien qu'on n'entre pas à l'hôpital comme au moulin; mais il ne s'agit pas de le dire, il faut le prouver.

Consultons donc le compte moral qui est très bien fait, très clair, très complet, et qui fait le plus grand honneur à notre administration hospitalière, et ouvrons-le aux statistiques médicales, généralement très exactes, à ce qu'on m'affirme. Nous allons facilement nous rendre compte de la nature des maladies pour lesquelles près de la moitié des malades réclame l'hôpital.

Fièvre éphémère et courbature. — 64 malades ; pas de décès.

Or, la fièvre éphémère et la courbature sont classées par tous les médecins dans la catégorie des affections banales, sans gravité.

Névralgie intercostale. — 34 malades, pas un décès.

D'une façon générale, ce genre de névralgie n'a absolument pas besoin de l'hôpital pour être traité et guéri.

Névralgie lombaire. — 47 malades, pas un décès.

Névralgie. S. a. d. — 12 malades.

Céphalalgie. S. a. d. — 8 malades.

Voilà un total de 101 malades qui, à aucun titre, ne réclame l'hospitalisation (1).

Bronchites. — 484 malades et 5 décès.

Le nombre des bronchites, dans notre climat humide et variable est toujours considérable, mais j'étais loin de m'attendre à trouver ce chiffre étonnant de 484 malades. 5 d'entre eux seulement ont succombé, soit un pour cent.

---

(1) Je parle bien entendu de la nature du mal. Je traiterai ailleurs la question de l'indigence de ces malades.

Or, tout le monde sait qu'on englobe sous ce nom de bronchites les simples rhumes qui exigent 5 à 8 jours de repos dans la chambre ou au lit.

Les bronchites graves sont des broncho-pneumonies ou des bronchites capillaires qui, elles, réclament l'hôpital ; mais on voit, par le chiffre des décès, combien elles sont rares, même dans la population indigente.

Je ne pense pas qu'il y ait la moindre exagération à dire que plus de la moitié de ces malades auraient pu facilement être guéris chez eux avec des soins élémentaires.

J'en dirai autant pour les *Angines simples* qui ont donné le chiffre élevé de 80 malades.

Sous la rubrique *Embarras gastrique*, on compte 275 malades, pas un décès.

Dyspepsie. — 37 malades, pas un décès.

Gastralgie. — 23 malades, pas un décès.

Or, il n'est pas besoin d'être médecin pour savoir que de toutes les indispositions qui affectent notre humanité, l'embarras gastrique est la plus banale, la *moins digne* d'hospitalisation ; elle guérit aussi bien seule moyennant quelques jours de repos et de diète, qu'avec le traitement à l'hôpital. Quant à la dyspepsie simple et à la gastralgie, en dehors d'une mention plus circonstanciée elles sont également du ressort de l'hygiène alimentaire pure et simple. Voilà donc 1,064 malades qui ont fourni 5 décès de bronchites, et si l'on admet que la moitié seule des bronchites mérite l'hospitalisation, il en résulte qu'on aurait pu facilement soigner en dehors de l'hôpital plus de 800 de ces malades.

Maladies de la peau. — Ces maladies, excepté dans les centres où il faut un enseignement clinique, peuvent presque toutes, si ce n'est toutes, être traitées en dehors de l'hôpital. On en compte 245. La moyenne de séjour a été de 22. Le prix de revient a été de 16,786 fr., soit 66 fr. par malade. Si ces

245 malades avaient été soignés dans une policlinique russe, allemande ou anglaise, ils auraient coûté 1,886 fr. et, au Havre, dans un dispensaire convenablement outillé, 1,347 fr., car le prix de revient de ce genre de traitement varie du minimum au maximum entre 0 fr. 20 et 0 fr. 35 par jour et par malade. C'est donc une économie de 15,000 fr. qu'on aurait réalisée pour cette catégorie de malades.

Ulcères variqueux. — De l'avis de tous ceux qui ont la moindre expérience de ce genre de malades, les ulcères variqueux doivent être soignés en dehors de l'hôpital, car la place qu'ils y occupent est singulièrement abusière. Ils guérissent grâces à un traitement très simple qu'on peut confier à un élève ou à une bonne infirmière. Le repos est en réalité la base du traitement.

On a soigné au Havre en 1888 :

Ulcères variqueux, 211. Moyenne de séjour, 36 jours ; prix de revient, 24,099 fr. soit par malade, 114 fr. Si ces malades avaient été soignés au Dispensaire et à domicile on aurait réalisé une économie de près de 20,000 fr. et de 10,000 s'il avait fallu, aux frais du traitement à domicile, ajouter une allocation pour subvenir aux frais du loyer, de la nourriture, etc.

Syphilis. — Il ne m'appartient pas de faire aucune remarque sur cette catégorie des malades. Je laisse à l'Administration le soin de faire les réflexions qu'elle voudra, quand elle saura qu'ils ont coûté la somme énorme de 38,167 francs.

Phtisiques. — La phtisie pulmonaire fait de graves ravages au Havre, et notre ville est, avec Vienne et Rouen, celle qui paie le tribut mortuaire le plus élevé à ce fléau.

Le chiffre moyen du Havre est de 5 décès par phtisie sur 1000 vivants, soit de 500 à 550 décès par année. Il n'y a donc rien d'étonnant que nous trouvions à l'hôpital un chiffre de 434 malades atteints de phtisie. La moyenne de leur séjour calculée pour 100 malades, est de 46, et, sur cette base-là, on voit qu'ils ont coûté 67,413 francs.

Pour ces malheureux phtisiques, une réforme radicale dans l'hospitalisation s'impose à qui veut bien étudier la question.

Laissés chez eux, dans des demeures misérables, alors qu'aucune désinfection des linges de corps ou de lit ne peut être obtenue, ils propagent la maladie qui est plus contagieuse qu'héréditaire. A l'hôpital, qu'on le sache ou non, placés dans des chambres communes, ils propagent les germes de la tuberculose aussi bien que dans leurs demeures.

Ne pourrait-on pas les isoler ?

La moyenne du séjour d'un phtisique à l'hôpital étant de 50 jours, il faudrait 60 lits pour soigner 434 malades.

Trois chalets de 20 lits suffiraient et il ne manque pas de place au Nouvel hôpital.

On sait les tentatives faites ailleurs pour traiter les phtisiques d'après une méthode spéciale, et le Dr Daremberg a longuement entretenu l'Académie de médecine des résultats obtenus par le Dr Dettweiler à Falkenstein, dans le rude climat du Taunus. Le principe du traitement est le repos à l'air libre, nuit et jour, et une alimentation substantielle. D'après cette expérience qui paraît être excellente puisqu'on parle de 25 guérisons sur cent malades, il semble bien qu'on n'ait rien à redouter en spécialisant le traitement des phtisiques et en les éloignant des salles communes de l'hôpital, où, paraît-il, on n'en sauve aucun.

Chirurgie.

Il y a bien des années que j'ai écrit combien il serait désirable que tous les cas de petite chirurgie fussent soignés ailleurs qu'à l'hôpital, mais « sunt verba et voces »; jamais au Havre on n'a voulu comprendre que l'hospitalisation pour les plaies, les contusions, les brûlures, les fractures simples était une véritable ruine pour le budget de l'Assistance. Je montrerai plus loin ce qu'on fait à l'étranger. Je vais citer les chiffres du compte moral; ils ont une éloquence qui défie toute discussion.

Plaies et contusions. — 478 malades et 2 décès.

Brûlures. — 55 malades et 5 décès.

Ichthyose (qu'est-ce que l'ichthyose vient faire là ?). Furoncles. Anthrax. Érysipèle. — 37 malades, 1 décès d'érysipèle.

Fractures. — 226, dont 6 décès par fractures compliquées.

Combien de fractures sur 226 eussent pu être soignées en dehors de l'hôpital ? Certainement plus des 2/3. Au Dispensaire de la rue St-Quentin, toutes les fractures simples ou compliquées y sont traitées sans que, sauf cas exceptionnels et bien rares, on ait à en envoyer à l'hôpital.

Entorses. — 77 malades. Pas de décès.

S'il y a des entorses graves, le plus grand nombre des cas nécessite le repos et le massage, par conséquent tous ceux qui ont un domicile auraient pu y être soignés.

Oreille externe. — 7.

Dans le nombre se trouve un malade qui est entré à l'hôpital pour un bouchon de cérumen; il y est resté 5 jours, il a coûté 15 fr. 85. Il eût été guéri en cinq minutes avec une injection d'eau faite par n'importe qui.

Panaris. — 35 malades, pas de décès.

Encore une catégorie qui peut tout entière être soignée à domicile.

En faisant la récapitulation de tous les malades dont je viens d'énumérer diverses catégories, il est facile de voir que pour plus de la moitié d'entre eux l'hôpital n'était point indispensable. Je dis la moitié par pure condescendance, et pour n'être pas taxé d'exagération. C'est une somme de plus de cent mille francs, dont le budget hospitalier est chargé sans compensation suffisante.

Je compte, en effet, 2,394 malades ayant fourni ensemble 14 décès soit 0,6 pour cent, tandis que la mortalité générale est de 8,9 ; c'est-à-dire qu'il suffit de constater cette faible mortalité, 15 fois moindre que la mortalité générale pour juger du peu de gravité des affections pour lesquelles ces 2,394 malades ont été hospitalisés. En disant que plus de la moitié n'aurait pas dû entrer à l'hôpital je suis bien en dessous de la vérité.

Remarquez que je n'ai pas fait le triage des malades soignés par le Dr Brunschvig. Qu'on lui demande de le faire, et l'administration aura la preuve qu'il y aurait intérêt pour plus d'un de ses malades à n'être pas hospitalisé.

J'en dis autant pour le service des enfants si bien dirigé par le Dr Piasecki, dont le rapport spécial toujours clairement fait, comme celui du Dr Brunschvig, permet de compter sans erreur possible le nombre des enfants malades, dont la nature de la maladie n'exigeait point l'hospitalisation.

Je conclus de cette étude que le compte moral de l'hospice justifie ma thèse, à savoir : que l'assistance médicale aurait tout intérêt à faire de grandes coupures dans les catégories des maladies, et à n'en hospitaliser qu'un nombre beaucoup plus restreint.

Hospice. — Vieillards.

Les frais spéciaux aux vieillards hospitalisés étaient à la fin de 1888 (compte moral) de 1 fr. 38 par journée.

Le total des vieillards et incurables en 1888 était de 579 pont 437 restant au 31 décembre de cette année.

Il est clair que l'hospitalisation des vieillards à ce prix-là coûte cher, et, comme le prix de revient est sensiblement le même par toute la France, on s'est occupé de tout temps à trouver un autre mode d'assistance pour eux.

Au point de vue social et moral l'hospitalisation des vieillards a quelque chose de révoltant, et ce sont ces deux points de vue qui ont inspiré la circulaire ministérielle du 1er août 1888, dont je désire donner ici une analyse, car elle me paraît presque inconnue du public.

La circulaire après avoir établi que 19,111 communes sont dépourvues de moyens d'assistance pour les vieillards, dit à propos de leur hospitalisation : « On ne saurait méconnaître « que le plus souvent l'admission des vieillards relâche, si « elle ne les détruit pas, les liens de famille. Elle déshabitue « les enfants du devoir de nourrir et de soigner leurs parents « vieux et infirmes ; les parents eux-mêmes dans la pensée « d'enlever une charge à leurs enfants, finissent par considérer « l'hospice comme un asile où il est naturel d'aller terminer « ses jours ; souvent même avant l'âge, l'individu encore apte « au travail, simule et exagère des infirmités pour obtenir « son admission. C'est là un fait d'autant plus regrettable « qu'il coïncide avec la tendance qu'ont certaines administra- « tions hospitalières ou municipales, à augmenter le nombre « des lits de vieillards ou d'infirmes, au préjudice des lits de « malades, ou des secours à domicile. »

La circulaire recommande ensuite l'organisation des secours à domicile pour les vieillards, en se servant de l'expérience faite dans le département de l'Indre, depuis 1872. Les secours sont de 10 francs par mois, et avec ce secours les vieillards restent dans leurs familles.

Mon collègue, M. de Crisenoy, qui a fait des questions d'assistance le but de sa carrière, dit :

10 départements ont organisé ce mode d'assistance,

16 conseils généraux ont voté des fonds pour donner raison à la circulaire du ministre.

12 l'ont mis à l'étude.

20 l'ont rejeté pour différentes raisons pratiques.

1 seul, l'Aisne, l'a rejeté en vertu du principe que l'assistance doit rester communale.

15 n'ont ni délibéré, ni pris de décision (1).

Si j'ai rapporté cette courte partie du travail de M. de Crisenoy, c'est qu'il me paraît important de montrer par des faits que l'assistance des vieillards à domicile, est le but que doit se proposer toute administration d'assistance.

Dans le département du Rhône, le Conseil général a adopté le règlement suivant, que je recommande à l'attention de qui de droit :

« L'assistance des invalides du travail fonctionnera dans le département à partir de l'année 1889 et sera effectuée de préférence au moyen de secours à domicile, et en cas de nécessité, au moyen de l'hospitalisation. Le taux du secours à domicile est fixé à 120 fr. par an. Les prix de chaque lit dans les hospices qui acceptent les conditions du département est de 500 fr. par an. Les postulants devront être français (p. 176). » Il sera intéressant de suivre cette expérience de la ville de Lyon, et, si elle réussit, ce sera un encouragement pour les autres grandes villes.

J'ai dit tout à l'heure que le prix de revient de la journée d'un vieillard était de 1 fr. 38. Mais, depuis le compte moral de 1888, le Directeur de l'hôpital, M. Laplanche, s'est livré à un travail qu'il a bien voulu me communiquer et d'où il résulte que la journée de vieillard ne revient plus qu'à 0 fr. 80 centim.

---

(1) Questions d'assistance publique traitées dans les Conseils généraux en 1888, par M. I. de Crisenoy. Berger-Levrault.

Comment a-t-on pu, après tant d'années, s'apercevoir subitement qu'on s'était trompé, et qu'il y avait une autre manière d'établir ce que coûte un vieillard? Cette nouvelle méthode repose sur un raisonnement syllogistique, très habile et spécieux, mais qui ne paraît pas pouvoir être accepté. En effet, M. Laplanche dit : Si les vieillards n'existaient pas à l'hôpital, qu'y aurait-il de changé dans les frais généraux de l'hôpital ? On en fait le calcul. On défalque ce qui, dans les frais généraux, est attribuable uniquement à la personne des vieillards, et c'est ce chiffre qui sert à établir le prix de la journée. Mais d'abord, on ne fait que découvrir Pierre pour couvrir Paul, et la journée d'un malade, d'un vrai malade, augmentera de tout ce qu'on aura enlevé de la journée d'un vieillard, et ensuite cette manière de compter ne rentre pas dans les règles recommandées par le ministère. En effet, dans le questionnaire annexé à sa circulaire du 26 mars 1888 au n° 297, le procédé recommandé est le suivant : Soustraire du total des dépenses les dépenses afférentes 1° à la gestion des biens ; 2° aux services annexes ; 3° aux secours à domicile ; 4° aux grosses réparations, et diviser le reste par le nombre des journées. Or, ce n'est pas ce que fait M. le Directeur, dans son nouveau calcul.

Consultations externes à l'hôpital.

Ce service de consultations externes a donné lieu à de nouvelles réformes, urgentes, et faites bien tard. En effet, ces consultations étaient faites jusqu'ici par des médecins qui changeaient chaque jour, et par là même, ne pouvaient prendre nul intérêt. Aujourd'hui, un médecin ou chirurgien de l'hôpital est attaché pendant 4 mois au service de la consultation qui est mieux faite et plus soignée, aussi a-t-elle pris de suite une importance inusitée. Ainsi en 1888, 1,601 consultations. En 1889, 1,809 et en 1890 jusqu'au 31 mai, 1,761 (ancien hôpital). Ces chiffres sont de 375, 449 et 530 pour les trois années antérieures.

L'amélioration est évidente, mais est-elle suffisante? Je ne le crois pas. J'étudierai plus loin ce que doit être la consultation externe dans un service d'assistance médicale bien organisé, et je montrerai quel parti on peut en tirer pour diminuer le nombre des hospitalisés.

Il résulte de l'analyse que je viens de faire qu'on peut, qu'on doit à mon sens, réaliser les réformes suivantes :

1° Être plus sévère pour les admissions à l'hôpital, ou plutôt changer radicalement le système des admissions :

Sauf les cas d'urgence qui s'imposeront toujours et au sujet desquels il n'y a pas de discussion possible il faudrait changer du tout au tout le système d'admission des malades à l'hôpital. Les malades y pénètrent de plusieurs manières :

1° Par la consultation externe. Excellent moyen quand la consultation est faite sérieusement par un chef de service et non par un élève.

2° Par les cas d'urgence (blessures graves, empoisonnements, etc.).

3° Par les commissaires de police de quartier et les médecins de la ville.

Les malades qui pénètrent par cette voie à l'hôpital subissent le contrôle de la visite de l'interne de garde, mais ce contrôle me paraît insuffisant.

A mon sens, il faudrait supprimer totalement cette faculté laissée aux médecins de la ville.

Mais il y a plus : il faudrait un règlement pour établir les catégories de malade à hospitaliser, et l'administration de l'hospice peut seule le faire.

Si l'on veut se convaincre de l'importance de cette réforme

qu'on veuille bien lire le récit d'une *Mission scientifique en Russie*, publiée par Henri Huchard, médecin des hôpitaux de Paris, médecin de l'hôpital Bichat, et à qui personne, j'imagine, ne refusera une compétence suffisante. Son travail est de cette année, 1890.

M. Huchard nous apprend qu'en Russie chaque hôpital a son dispensaire (ambulatoria) constitué de la façon suivante :

Chaque spécialité a un local à part, c'est-à-dire une chambre d'attente et un cabinet médical, où se trouve un approvisionnement de médicaments. Tout ce que le médecin prescrit est exécuté par l'infirmière de garde, sous la direction du médecin. (C'est exactement, l'organisation du dispensaire que j'ai fondé au Havre en 1875.) Pour la chirurgie on trouve un arsenal complet pour les fractures, les opérations, explorations de tout genre.

Les consultations gratuites ne sont pas faites comme chez nous par les chefs de service, mais par des médecins spéciaux. Si nous prenons l'hôpital Saint-Georges, à Moscou, nous voyons qu'en 1886, les consultations ont atteint le chiffre presque fabuleux (le mot est de Huchard) de 158,708, soit une moyenne de 435 malades par jour; le prix de revient par malade est de 0 fr. 30 par jour. Encore un chiffre absolument semblable à celui du Dispensaire du Havre, où le prix de revient varie de 0 fr. 25 à 0 fr. 30 par enfant et par jour. Dans ce chiffre (à Moscou) de 0 fr. 30 est compris le traitement des médecins. Les consultations à Saint-Georges sont divisées en onze catégories, et faites par 45 médecins, dont 7 sont titulaires (traitement: 2,250 fr. par médecin). Ces onze catégories sont : Maladies internes, chirurgicales; des yeux, nerveuses, des enfants, des femmes, affections du larynx et du pharynx; de l'oreille ; de la peau ; des dents.

Les consultations ont lieu gratuitement de 10 heures à 2 heures de l'après-midi, et quelquefois jusqu'à 4 heures.

15 à 20 sœurs distribuent les médicaments sous la direction du Dr Bonan. En 1887, la pharmacie, ainsi organisée, a délivré 25,000 prescriptions ; il faut ajouter que l'hôpital St-Georges a 130 lits seulement, dont le service est fait par 3 médecins. Ainsi, 3 médecins pour le traitement des malades internés à l'hôpital, et 45 médecins pour le traitement externe. Au Havre, nous avons 13 médecins pour les malades de l'hôpital et 2 médecins pour la consultation. M. Huchard ajoute, et je transcris textuellement ses paroles :

« Ce système de consultations vraiment sérieuses, ne « devrait-il pas être imité en France ? Chez nous, ce sont, « comme on le sait, les médecins des hôpitaux qui en sont « chargés. Or, de deux choses l'une : ou ils les font sérieu- « sement, et c'est alors au détriment des malades de leur ser- « vice ; car, en supposant qu'ils ne disposent que de dix « minutes pour chaque malade du dehors, il leur faudra donc « plus de huit heures pour une moyenne de 50 malades. Ou « ils ne le font pas sérieusement, et alors elles n'ont plus leur « raison d'être. Pourquoi donc le personnel des médecins con- « sultants ne serait-il pas distinct de celui des médecins « titulaires des hôpitaux, et pourquoi les candidats au Bureau « central ne seraient-ils pas chargés de ses consultations ? « L'amélioration du fonctionnement des consultations aurait « encore un grand avantage au point de vue budgétaire, car « les admissions dans les hôpitaux étant moins facilement « accordées, seraient moins nombreuses, et tels malades qu'on « reçoit après un examen insuffisant, pourraient être traités « dans les dispensaires (ambulatoria).

« C'est là une des raisons pour lesquelles l'encombrement « des salles, par de nombreux brancards, est chose absolu- « ment inconnue en Russie. Donc, au triple point de vue bud- « gétaire, hygiénique et humanitaire, ce système réalise un « progrès considérable que nous devons suivre tôt ou tard. »

Et page 40 :

« Les consultations atteignent en Russie des proportions
« qui nous sont inconnues. Comme je l'ai démontré, leur
« extension est un moyen de prévenir l'encombrement dans
« les hôpitaux, et de réaliser ainsi de grandes économies.
« Chez nous, *il faut tout organiser à ce point de vue*, et.... le
« budget y gagnera plusieurs centaines de mille francs.... »

M. Huchard termine la première partie de son étude par
une boutade humoristique qui a été reproduite le 12 juillet
par le journal le *Temps*, et qui ne manque pas d'à propos :

« Savoir reconnaître une supériorité, c'est bien ; l'expliquer
« c'est mieux encore. Les Russes sont arrivés d'un bond à
« la perfection parce qu'ils n'ont pas contre eux une noble,
« vénérable, et puissante dame.....

« Tenez..... la voilà qui passe. Tous les jours et par tous
« les temps, à la même heure et sur le chemin, vêtue d'un
« costume de cent ans et fidèle à ses habitudes antiques, la
« petite vieillotte fait sa promenade circulaire, tournant et
« retournant sans cesse dans un cercle dont elle ne sort jamais.
« Le visage sillonné de rides profondes, les traits immobiles,
« la physionomie sans expression, les yeux fixés sur le sol,
« le corps raidi et penché en avant, dans l'attitude de la
« paralysie agitante, elle trottine, trottine, trottine toujours.
« D'un mouvement presque automatique elle tourne souvent
« la tête ; c'est le passé qu'elle regarde. Veut-elle presser le
« pas ? Elle trébuche en avant. Puis au moindre obstacle, la
« voilà qui, prise de rétropulsion, revient précipitamment en
« arrière et tremblotante elle s'agite croyant agir.

« Mais tout près de la vieille attentif et empressé, quel est
« donc ce jeune et gros gars, aux jarrets d'acier, aux muscles
« vigoureux, à la mine épanouie et à la face rubiconde ? C'est
« son chevalier servant très bien en cour, c'est son protégé
« et son protecteur à la fois. C'est le *Satisfait* de l'heure

« présente, l'enthousiaste du passé, le contempteur de
« l'avenir.

« Cette noble dame, vous l'avez reconnue ; elle se nomme
« la *Routine*. Que faut-il pour la renverser ? Un simple coup
« d'épaule, dites-vous ? Mais, vous comptez sans le chevalier
« servant !... »

Ce n'est pas seulement en Russie que le service de la consultation externe a pris un développement qui, d'après M. Huchard, constitue un progrès immense et diminue les frais de
l'assistance. En Angleterre, et de tout temps, le service des
out patients (1), a permis de résoudre mieux qu'en France le problème de l'assistance. Qu'on relise le rapport de Larochefoucauld-Liancourt, ou, à un siècle de distance, celui de M. Chautemps, on verra que ce qui a toujours frappé les membres des
délégations françaises, c'est le nombre vraiment prodigieux
des consultations externes.

Je trouve dans un récent rapport au ministre, fait par M. Variot, médecin des hôpitaux de Paris (2), les chiffres suivants :

A *Victoria hospital*, le nombre des enfants traités au dispensaire a été de 41,031, pour 696 hospitalisés. *A l'Hospital
for sick Children*, 15,000 consultations pour 1,000 malades.
A *Worth Eastern hospital*, 62,748 consultations pour
709 admis. A *Evelina*, 29,000 consultations pour 784 admis.

L'installation et l'aménagement de ces dispensaires sont
fort simples, et un grand nombre d'enfants sont opérés et
remportés dans leur famille. Les consultations sont quotidiennes pour la médecine comme pour la chirurgie ; commen-
cées vers 9 heures, elles se terminent vers midi.

Comme en Russie, on a compris à Londres, la nécessité

---

(1) Malades du dehors.

(2) *L'hospitalisation des enfants à Londres, et les hôpitaux-dispen-
saires.* Rapport présenté au ministre de l'Intérieur, par M. Variot.
Doin, 1890.

pour le service des consultations, de la spécialisation, et la division du travail y est poussée fort loin. Les frais ne sont pas très élevés ; le budget annuel total ne dépasse pas 20,000 francs.

Ce qui se passe pour les enfants, se passe naturellement pour les adultes. Dans tous les grands hôpitaux de Londres, pour adultes, le service de la consultation externe a pris une extension dont, avec nos habitudes françaises, nous ne pouvons nous faire aucune idée. J'ai suivi, pendant plusieurs mois, à une époque déjà lointaine (1859), les consultations externes données par Paget, et j'étais dans un étonnement que comprendront tous ceux qui ont suivi à Paris les services de nos grands chirurgiens, en voyant un aussi célèbre chirurgien consacrer une bonne partie de sa journée à soigner à la consultation externe la foule des indigents qui s'y présentaient.

Il serait bien inutile d'insister. Pour tous ceux que n'aveuglent pas la routine et le parti pris, partout où la consultation externe a été fortement organisée, l'hospitalisation a été réduite à son minimum.

Du traitement médical à domicile et des dispensaires.

La réforme que je demande pour les consultations externes est de celles qu'on peut faire, et qu'on fera parce qu'elle ne coûte rien ou presque rien, puisqu'à l'hôpital on trouve tout aménagés les appareils, le personnel, les pansements qui constituent l'appendice obligatoire de la consultation externe.

Il n'en est pas de même du traitement à domicile avec l'aide indispensable des dispensaires.

Ma conviction personnelle, que j'ai défendue de mon mieux il y a dix ans, au Conseil municipal, et où j'avais avec moi mes confrères Fauvel et Lafaurie, et notre collègue Lyonnais, est que l'hospitalisation ne diminuera que lorsqu'on aura sérieusement organisé le traitement à domicile.

Les bureaux de bienfaisance avaient pour mission non seulement de secourir les indigents, mais de pourvoir aux soins médicaux à domicile. On a vu combien ils étaient insuffisants ; aussi bien pour les consultations que pour les visites à domicile.

Supposez un instant que chaque bureau de bienfaisance soit transformé en véritable dispensaire, c'est-à-dire en un établissement ouvert du matin au soir, possédant toutes les ressources que le médecin doit avoir sous la main pour organiser un traitement complet (bains, hydrothérapie, électricité, appareils et pièces à pansement, etc., etc.), où chaque jour aurait lieu une consultation faite comme dans les ambulatoria russes ou les dispensaires anglais, où seraient concentrées quotidiennement les demandes de visites à domicile, et vous verrez qu'en mettant ainsi le secours à côté du besoin, on réaliserait une assistance médicale efficace et complète.

Cette transformation des bureaux de bienfaisance est-elle un rêve ? est-elle une utopie ? Poser la question c'est la résoudre, surtout avec des exemples comme ceux que je viens de citer.

Qu'on donne au médecin du bureau de bienfaisance ainsi transformé, le traitement sérieux et rémunérateur qu'on donne en Russie, qu'on l'oblige à faire chaque jour la consultation à heure fixe et toutes les visites du quartier, et l'on verra avec quelle rapidité la marche ascendante de l'hospitalisation fléchira.

Je ne suis certes pas seul à réclamer avec insistance le retour aux principes posés par Larochefoucauld-Liancourt, Chaptal et Thiers.

A Bordeaux, M. Paul Dupuy (ancien interne médaillé d'or des hôpitaux de Paris, professeur à la faculté de médecine, membre du conseil municipal, etc.) à qui on ne peut refuser

une grande compétence dans ces questions dit, dans son beau
livre « *La question sociale en France* » :

« Prise en soi, l'assistance n'est qu'un pis aller. Au développement de l'esprit de prévoyance chez les ouvriers, à la
création et à l'extension des sociétés d'assurance mutuelle,
comme on dit à tort, de secours mutuels, il appartient de
faire le premier pas dans la bonne voie. Il y a là, pour la
population laborieuse un devoir et un privilège. Puis aux
abandonnés, aux faibles, aux vaincus de la lutte dans la
bataille de la vie, à tous ceux qui n'ont ni feu ni lieu, qui suc-
combent sous le fardeau de la misère ou que terrasse le malheur immérité, il faut que la charité privée et publique ouvre
les bras, donnant le secours à domicile d'abord, et comme
ressource extrême, à l'hôpital ensuite. Tel est le devoir de
chacun comme celui de tous.

« Ainsi la prophylaxie regarde le bureau d'hygiène municipal devenu un organe sanitaire de premier ordre. Puis dans
tous les cas de maladie, comme règle, le traitement à domicile,
dont le Dispensaire est une annexe indispensable. Enfin l'hôpital à titre d'exception. Tel me paraît être l'esprit nouveau
qui doit présider à toute application de la bienfaisance au
point de vue médical. Nous devons en finir le plus tôt possible
avec cette colossale et si coûteuse méprise des grands hôpitaux,
legs funeste d'un autre âge et que condamnent à l'envi l'hygiène, la médecine, la morale et l'économie politique. »

Et à une date toute récente, 1890, M. Strauss, membre du
conseil municipal de Paris, en faisant l'analyse du mémoire
de M. Nielly qui a été lauréat du concours sur la question de
la réorganisation des bureaux de bienfaisance, demande à son
tour que les maisons de secours soient transformées comme
je viens de l'indiquer plus haut.

(Voir aux Annexes cette partie du rapport Strauss.)

Ainsi, pour me résumer, il y a dans notre ville à établir sur d'autres bases d'une part la consultation externe dans les deux hôpitaux, de l'autre le traitement à domicile par le moyen des bureaux de bienfaisance devenant des dispensaires.

Mais pour qu'une pareille organisation soit efficace, il faut qu'elle soit une. Il faut à tout prix que l'assistance à domicile, c'est-à-dire les bureaux de bienfaisance, soit réunie à l'assistance hospitalière.

En attendant que la loi qui consacrera ce progrès soit votée, il y a lieu, me semble-t-il, de réunir dès à présent les deux commissions hospitalières et de bienfaisance pour qu'elles travaillent ensemble. Elles peuvent, sans contrevenir à la loi, se réunir chaque semaine, adopter un plan uniforme de travail, établir pour chaque indigent, pour chaque malade, son dossier d'assistance, et commencer ce travail de classification que le bureau de renseignements de l'Hôtel de Ville, a inauguré il y a quelques années. On verra plus loin comment dans des villes étrangères on est arrivé à endiguer, par ce moyen, le flot montant des dépenses d'assistance.

Je sais d'avance que la grande objection pour sortir des errements actuels, c'est la question de dépenses nouvelles.

Il ne m'appartient pas de la traiter ici. Je ne crois pas qu'il faille beaucoup de dépenses pour mieux organiser les consultations externes à l'hôpital, non plus que pour transformer les bureaux de bienfaisance en dispensaires, d'autant plus qu'on pourrait facilement commencer par un quartier et un bureau, avant d'étendre le système à toute la ville. On peut s'autoriser de l'exemple de la ville de Manchester qui a créé 3 dispensaires au début et qui au bout de 25 ans en a 90 maintenant.

Quand le Conseil municipal voudra étudier cette question d'ordre pratique les exemples ne lui manqueront pas pour l'édifier complètement.

De l'organisation méthodique de la Bienfaisance.

Cette formule est nouvelle dans l'histoire de l'assistance et ce n'est guère que depuis une vingtaine d'années, qu'en différents pays on est arrivé à cette conviction pratique, que l'assistance officielle est incapable de résoudre le problème des secours aux indigents.

Le Gouvernement français a profité de l'Exposition 1889 pour provoquer la réunion d'un vaste Congrès d'assistance qui a eu lieu en août, qui a réuni les hommes les plus compétents en fait d'assistance, et qui a tenu au delà de ce qu'il promettait.

Phénomène intéressant et digne de la plus grande attention : les expériences en fait d'assistance sont partout les mêmes ; Américains et Anglais, Français et Allemands, Italiens, Romains, Espagnols, Suisses, tous s'accordent pour reconnaître que les questions de bienfaisance obéissent à des lois sociales aussi certaines que des lois d'ordre physique.

J'engage, comme je l'ai fait ailleurs, mes concitoyens à se procurer les deux volumes de ce congrès ; ils y apprendront rapidement les résultats de l'expérience des nations européennes et atlantiques.

Pour le but que je me propose, je veux extraire des principaux rapports qui composent le premier volume quelques-unes des idées qui sont communes à tous ceux qui ont traité cette grande question sociale du paupérisme, de la bienfaisance et de l'assistance.

M. Loch, par exemple (Angleterre), après avoir établi que le paupérisme atteint le corps social économiquement (l'indigent consommant et ne produisant pas) ; — commercialement (puisqu'il ne travaille pas) ; — socialement (parce que l'assisté

peut devenir paresseux, vicieux et constituer ainsi un danger),
passe en revue :

1° *L'action de la charité officielle.* — Générations entiè-
res vouées au paupérisme par l'intérêt, l'habitude d'être
secourues (dépôts de mendicité).

2° *Action de la charité privée.* — Les œuvres charitables
se superposent. Les pauvres secourus mangent à tous les
râteliers.

3° *Action des aumônes.* — Absolument corruptrices ; on a
calculé que la famille Margaret, de New-York, avait fourni
5 générations d'indigents, qui avaient soustrait 7 millions
500,000 fr. aux bienfaiteurs anonymes (véritable industrie).

4° *Action des secours temporaires provoqués par des
catastrophes imprévues* (Fourneaux économiques, hospita-
lité de nuit). — Les dangers de cette charité sont patents :

L'expérience prouve que l'assisté perd promptement sa
délicatesse à cette exhibition de sa misère aux yeux de tous. De
pareilles facilités attirent les vagabonds dans les villes et font
perdre aux ouvriers le goût du travail. A New-York, après un
hiver rigoureux, on créa des fourneaux et des asiles de nuit,
puis quand on offrit à ces ouvriers, du travail à raison de 75 fr.
par mois, ils refusèrent unanimement.

C'est alors qu'à New-York et à Boston on fit une enquête
sur le degré de mérite des assistés et elle révéla que :

11 0/0 des indigents étaient dignes d'un secours continu ;

20 0/0 d'un secours temporaire ;

52 0/0 avaient besoin de travail ou d'argent ;

17 0/0 étaient absolument indignes qu'on s'occupât d'eux.

A New-York pour les mêmes catégories on trouva :

   6, 4 0/0

   22, 4 0/0

   52, 4 0/0

et 17   0/0 d'indignes.

Il résulte de ces tableaux qu'il faut méditer :

1° Que la contagion de la mendicité est répandue par 17 0/0 des indigents ;

2° Que ceux qui ont besoin de travail représentent 52 0/0 des indigents.

Il suffit de lire et de méditer ces chiffres pour comprendre que le paupérisme obéit en quelque sorte à une loi fixe et que pour le combattre il faut avant tout adopter les deux grands principes suivants :

1° Faire précéder toute demande de secours d'une enquête sur la situation matérielle et morale du solliciteur ;

2° N'accorder aux indigents valides que des secours efficaces, c'est-à-dire leur facilitant les moyens de se subvenir à eux-mêmes par le travail.

Les grandes sociétés de charité qui se sont fondées à Genève, en Angleterre, en Allemagne, en Amérique, ont mis en pratique les principes dont je parle et elles ont de plus adopté un certain nombre de mesures pour leur faire produire tous leurs effets. C'est l'ensemble de ces moyens qui constitue l'organisation méthodique de la bienfaisance.

Avant tout il faut :

a) Que les diverses classes de donateurs s'entendent, se concertent pour qu'il n'y ait pas superposition de secours ;

b) Que les sociétés charitables soient toutes renseignées sur le compte de chaque indigent.

Les *moyens employés*, les mesures dont je parlais tout à l'heure, sont les suivants :

1° Création d'un personnel spécial chargé de recueillir sur chaque solliciteur tous les renseignements possibles (famille, patron, police, etc.), chaque solliciteur ayant ainsi son dossier.

2° Participation des bienfaiteurs à l'obtention de ces renseignements.

3° Action du visiteur. Le visiteur est le rouage indispensable, mais le plus délicat de l'assistance méthodique (1). Le visiteur ayant en mains tous les documents sur l'indigent solliciteur, les transmet au dernier organe, au *Comité*.

4° Le Comité est le pouvoir exécutif.

Mais autre chose est de lire un compte rendu sur l'organisation d'une de ces Sociétés de Charité, autre chose de la voir à l'œuvre.

Parmi les villes peu distantes de nous et qui ont des premières réalisé le problème de l'organisation méthodique de la bienfaisance, nous avions à choisir entre Elberfeld et Genève.

M. Henri Monod, directeur de l'Assistance publique, m'ayant donné rendez-vous à Genève, je me suis rencontré avec lui au Comité central de bienfaisance, rue du Stand à Genève, où M. Fatio, qui consacre tout son temps aux nombreuses œuvres de bienfaisance de sa patrie, nous a reçus avec une amabilité parfaite.

Nous avons eu sous les yeux la manière pratique dont le système fonctionne, et nous avons été l'un et l'autre, M. Monod et moi, ravis de sa parfaite simplicité.

Comme je l'ai déjà écrit ailleurs, l'idée principale qui est la base de cette organisation, c'est de relever l'indigent par le travail ; de l'entourer, de le prendre, de le surveiller jusqu'à ce qu'il soit sauvé de la misère.

Le bureau de bienfaisance est ouvert de 9 heures du matin à 6 heures du soir.

Trois employés font la besogne courante. Le directeur est là pour prendre au moment même toutes les décisions nécessaires.

---

(1) Il paraît évident que ce sont les deux villes de Genève et d'Elberfeld qui ont les premières compris l'importance d'une société enrôlant sous le nom de visiteurs, tous les citoyens honorables voulant s'occuper du bien public. Mais c'est à Elberfeld puis dans d'autres grandes villes allemandes et enfin en Amérique que le système des *friendly visitors* s'est développé d'une manière extraordinaire.

Supposons deux cas :

Le premier est celui d'une personne qui n'a pas encore été secourue.

Elle se présente au guichet. On prend son nom, son adresse, sa nationalité, sa profession, les causes de sa détresse. Elle donne, si elle en a, les références nécessaires pour l'enquête.

Dans la journée l'enquête est faite par un des inspecteurs du bureau, et l'on est de suite fixé sur la moralité de la personne, sur sa vie, sur la nature des secours à accorder.

Si elle manque de travail, on l'envoie au chantier de travail créé par la société. Si elle a besoin de secours médicaux, on lui indique l'endroit où elle les recevra.

Si elle est genevoise, on l'adresse aux institutions cantonales de bienfaisance.

Si elle est étrangère, on l'adresse soit aux consuls, soit aux personnes bienfaisantes de sa nationalité. De toutes manières on ne vient à son secours que lorsque l'enquête, ou mieux son dossier est complet.

Le second cas est celui d'une personne qui a été déjà secourue ; alors le cas est simple et vite jugé, car chaque indigent a son dossier d'assistance. On y a recours et l'enquête révèle les causes de sa rechute.

Je ne puis pas ici faire une étude complète du système genevois ; cela m'entraînerait trop loin, et d'ailleurs la société publiant chaque année son rapport, il est bien facile de connaître dans tous ses détails son organisation. Qu'il me suffise d'ajouter que la première condition à réaliser, la plus difficile peut-être, c'est de faire comprendre que la charité qui s'exerce de porte en porte, comme au Havre, est absolument sans résultat. On perd beaucoup de temps, beaucoup d'argent et l'on fait plus de mal que de bien. Il ne s'agit pas, bien entendu, de supprimer la charité privée. Tant que le monde existera elle aura à s'exercer. Il s'agit de l'organiser et de la rendre efficace.

La Société de Genève (Bureau central de bienfaisance) dépense 90,000 francs par an (1). Elle secourt 14,000 indigents, et l'on peut dire que, grâce à ses efforts, grâce à l'habileté de ses directeurs, grâce à la bonne volonté de toute la popula-

---

(1) Dans le budget 1888-1889 l'excédent des recettes sur les dépenses a été de 6,742 fr. 45.

Les dons des sociétaires, legs, dons spéciaux et généraux, etc., se sont élevés à 90,579 fr. 65. 16,231 personnes se sont présentées au guichet. Le nombre des passants ou voyageurs s'est monté à 1,614 personnes de différentes nationalités, 661 ont été rapatriées. Il y a eu 20 apprentissages nouveaux, 20 enfants et 10 grandes personnes ont été envoyées à la campagne pour leur santé et le comité a pu encore aider l'œuvre de l'Enfance abandonnée à placer plusieurs enfants chez des agriculteurs. Il a été pourvu également à des pensions en faveur d'enfants et de personnes âgées pour une somme de 8,875 fr. 80 ; 5,489 fr. 45 ont été employés à fournir du travail et des outils à ceux qui en manquaient. 7,283 fr. 40 figurent au budget pour l'Enfance abandonnée.

Enfin le comité a statué sur 1,257 cas, dont 875 anciens et 382 nouveaux.

On a délivré 1,885 cartes, soit pour l'auberge de famille, soit pour l'asile de nuit. Un surcroît annuel au Bureau, rend de grands services en procurant du travail aux femmes qui n'en ont pas.

Dépenses

	1889
Assistances temporaires	6.635 25
Dons spéciaux	8.808 85
Rapatriements	6.155 —
Expatriations	5.162 90
Patronages	31.168 50
Apprentissages	4.728 05
Prêts	720 65
Ouvroir	7 30
Loyers	111 50
Travail. Outils. Machines	5.489 45
Téléphone	100 —
Enfance abandonnée	7.283 40
Lithographie. Rapports	673 85
Frais généraux	7.820 10
Solde au 30 septembre	6.742 45
Total	90.579 65

tion, la mendicité est presque inconnue dans cette ville. Voilà
donc un modèle qui est à notre porte et qu'il est bien facile
d'imiter, puisqu'il s'agit d'une population de langue française,
de mœurs semblables aux nôtres, régie par les mêmes lois.

*Quels sont les résultats de l'organisation méthodique de
la bienfaisance ?*

Ils sont considérables, et ont une action décisive et directe,
non seulement au point de vue moral et social, puisque la mendicité disparaît partout où elle a été pratiquée avec persévé-
rance, mais encore quant aux frais de l'assistance en général.

Les dépenses d'assistance qui, à Philadelphie, s'étaient
élevées de 1872 à 1878, à 19 millions de francs, se réduisent
à 14 millions pour les cinq années qui suivent la création de la
Société.

A Buffalo, l'économie réalisée dès la première année, est
de 240,000 francs.

A Elberfeld enfin, où le système a été appliqué avec une
rigueur scientifique, la taxe à prélever pour l'assistance par
tête de contribuable, en 1876 (13 ans après le début de l'organisation) était de 2 fr. au lieu de 4 fr. 45 qu'elle était en
1852. Soit une diminution de 56 0/0.

Pourquoi les frais d'assistance diminuent-ils ? Parce qu'il y
a abaissement immédiat du nombre des indigents.

A Blackleath (Angleterre), la seule installation d'un agent
mis à la disposition de toutes les sociétés charitables a fait dis-
paraître en un mois 90 0/0 des mendiants, dès qu'on a exigé
de chaque indigent, de chaque mendiant qu'il se présentât à
cet agent muni d'une carte où devaient être inscrits son nom,
son adresse, sa profession, etc.

A Elberfeld, de 57 pour millé de secourus, le chiffre tombe
à 22,6.

A' Philadelphie, le nombre des mendiants s'abaisse de 25 0/0.

Il était impossible que le Congrès de l'Assistance tenu à Paris en 1889, n'eût pas un grand retentissement à Paris même.

Aussi, le Conseil municipal de Paris se hâta-t-il de mettre au concours la question de la réorganisation des bureaux de bienfaisance. Ce concours a primé deux études : celle de M. Gory, celle de M. Nielly. On me saura gré de reproduire comme pièce annexe la partie du rapport de M. Strauss fait au Conseil municipal sur le budget de l'Assistance publique ; on verra que le système de M. Nielly dérive directement des travaux du Congrès.

Il suit de toutes les considérations que je viens de résumer, que la question de l'assistance ne peut être résolue qu'en l'envisageant dans son ensemble, c'est-à-dire qu'elle doit s'occuper des deux grandes classes d'indigents : les valides et les invalides.

Toutes les villes, et elles sont nombreuses aujourd'hui, qui sont entrées dans cette voie, en ont retiré ces deux grands bénéfices : 1° diminution du fléau du paupérisme — 2° diminution des frais d'assistance et, enfin, conséquence plus précieuse encore : l'assistance plus souple, plus variée, atteint tous ceux que la lutte pour la vie a jetés dans l'indigence ; en d'autres termes, l'assistance méthodiquement organisée réalise son programme.

J'en ai dit assez en ce qui concerne les indigents valides pour engager nos concitoyens de bonne volonté à se mettre à l'œuvre ; la création d'une Société libre de charité s'impose, et pour en établir les rouages indispensables, les modèles ne manqueront pas. Qu'on choisisse le système américain qui a rendu de si grands services aux grandes villes de l'Union telles que Boston, Philadelphie, New-York, Buffalo, etc. Qu'on préfère celui d'Elberfeld ou de Genève, peu importe. Ce qui importe, c'est qu'on comprenne enfin que dans une ville comme la nôtre, où il y a un si grand nombre d'ouvriers que l'ivrognerie réduit à la misère, un si grand nombre de phtisiques dont les familles tombent à la charge de la société et où cependant il y a tant d'éléments précieux dans les Docks, les Magasins généraux, les Administrations de tous genres, pour utiliser la bonne volonté de leurs directeurs, il ne manque absolument pour réussir dans le but que se propose la bienfaisance, qu'une organisation à créer. J'ose proposer qu'un comité provisoire soit formé, composé de tout ce que notre ville compte d'hommes dévoués, intelligents, compétents, sans oublier les nombreuses dames qui ont une expérience pratique du sujet, et que, se mettant à l'œuvre, il jette les bases d'une société qui étudiera à fond tous les sujets que j'ai abordés. Si cela paraît nécessaire, un envoyé spécial pourra aller étudier sur place, soit le système d'Elberfeld, soit celui de Genève, soit encore la marche des Provident societies de Londres. Quand cette société sera fondée, l'assistance sera rendue enfin plus pratique et plus féconde.

CONCLUSIONS

Je tiens à résumer en quelques propositions les réformes, ou si le mot paraît trop ambitieux, les améliorations qu'on pourrait réaliser au Havre dans la pratique de l'assistance et de la bienfaisance.

1° Établir sur de plus larges bases la consultation externe aux deux hôpitaux, en se servant pour cela des travaux soit de M. Huchard pour la Russie, soit de M. Variot et de M. Chautemps pour l'Angleterre ;

2° Annexer à chaque hôpital un dispensaire dont le personnel soit différent de celui de l'hôpital tout en lui étant rattaché, de manière à pouvoir soigner efficacement toutes les catégories des malades dont j'ai parlé : petite chirurgie ; pansements de toutes sortes ; maladies de la peau ; ulcères variqueux, et toutes les affections médicales qui ne comportent pas l'hospitalisation ;

3° Supprimer le droit des médecins de la ville et des commissaires de police d'envoyer des malades à l'hôpital, sauf les cas d'urgence ;

4° Dès que les finances de la Ville le permettront, transformer les Bureaux de bienfaisance en Dispensaires, et organiser en même temps et avec leur aide, le traitement médical à domicile d'une façon minutieuse, en exigeant que dans chaque quartier la consultation du médecin ait lieu tous les jours;

5° Provoquer la création d'une société libre de bienfaisance qui, sans toucher aux institutions existantes, les complète toutes, et réunisse enfin dans un seul faisceau toutes les bonnes volontés, toutes les ressources de la charité privée;

6° Que le Conseil municipal veuille bien faire la lumière sur toutes ces questions par une enquête officielle qui s'inspirera de ce qui se passe dans les pays voisins, en particulier à Genève et à Elberfeld.

ANNEXE

Extrait du rapport de M. STRAUSS, au Conseil municipal de Paris (1890).

Pour l'instant, nous en tenant à la dotation des secours à domicile, nous sommes obligé de reconnaître, que le mode de répartition des fonds subventionnels n'est pas seul défectueux, que la distribution des secours laisse fort à désirer, qu'en un mot, sans mettre en cause la bonne volonté des personnes, l'organisme tout entier ne répond plus aux nécessités de la bienfaisance publique à Paris.

Le Conseil municipal en a jugé ainsi, puisque, sur la proposition de notre collègue M. le docteur Dubois, il a mis récemment au concours l'étude de la réorganisation des bureaux de bienfaisance.

Le jury chargé de juger les mémoires présentés se composait de MM. Cattiaux, Dubois, Faillet, Sigismond Lacroix, Lampué, Lucipia, Menant, Navarre, Albert Pétrot, docteur Peyron et Paul Strauss.

Ce concours fort intéressant a permis de glaner toutes les idées nouvelles, ou tout au moins toutes les propositions d'avenir. Ce n'est pas notre rôle de présenter au Conseil un aperçu complet de tous les mémoires soumis au jury ; toutefois nous croyons devoir reproduire les conclusions essentielles des deux études primées aux concours.

Le projet d'organisation élaboré par M. Gory, sous-chef de bureau à l'Assistance publique, repose sur l'unité de caisse et comporte la suppression des commissions administratives.

Dans ce système, les secours aux nécessiteux seraient donnés par l'Administration centrale, les secours aux indigents par une commission spéciale ; le traitement des malades à domicile serait rattaché aux hôpitaux.

En ce qui concerne l'unité de caisse, le Conseil municipal l'avait déjà réclamée par le rapport de M. Fiaux. D'ailleurs ce ne serait que le retour à un mode ancien, puisque l'unité de caisse a existé jusqu'en 1813.

Chaque arrondissement n'en continuerait pas moins à jouir exclusivement des rentes, avec ou sans destination spéciale, qui lui ont été spécialement données, soit un total de 589,910 fr. 23 c. ; seulement les pauvres de l'arrondissement seraient d'abord secourus sur ces fonds avant de l'être sur les fonds généraux de l'Administration.

Les fonds affectés au service des secours ne seraient plus répartis d'avance entre les arrondissements, mais entre différents articles : *Dépenses d'administration, secours aux nécessiteux, secours aux indigents, traitement à domicile, accouchement à domicile.* Les recettes intérieures actuelles des bureaux disparaîtraient, mais les sommes à provenir des quêtes, des fêtes organisées par l'administration de l'Assistance publique et la municipalité parisienne formeraient un sous-chapitre spécial de recettes au budget de l'Assistance publique.

Le secrétariat actuel des bureaux de bienfaisance serait maintenu ; les secours annuels seraient accordés de droit aux vieillards âgés de 64 ans révolus, aux infirmes, et au nombre de ces derniers seraient compris les phtisiques et les chroniques ; les orphelins pauvres seraient complètement rattachés au service des Enfants assistés.

Les indigents seraient divisés en deux ou trois classes recevant par exemple un secours mensuel de 20, de 15 ou de 10 francs. Cette quotité dépendrait naturellement de l'état des ressources affectées au service. En dehors de ces secours mensuels, les indigents n'auraient droit qu'au traitement à domicile.

Ces secours d'indigents seraient accordés sur l'avis d'une commission composée de personnes choisies parmi les membres du Conseil municipal, du Conseil de surveillance, les maires et les adjoints. Cette commission aurait, en ce qui concerne la délivrance des secours, le même rôle que celui que remplit aujourd'hui la commission de classement pour les secours représentatifs du séjour à l'hospice. Il ne serait rien changé aux conditions dans lesquelles sont actuellement délivrés les secours représentatifs du séjour à l'hospice ; aucune répartition n'est faite entre les arrondissements, la Commission décide du classement en première ou en seconde ligne des demandes faites par tous les pauvres de Paris.

Les secours aux nécessiteux seraient délivrés par l'Administration, et après enquête, en vue d'éviter les doubles et triples emplois si fréquents aujourd'hui. Ce serait aussi le moyen de ne plus assister à ce spectacle de postulants renvoyés des bureaux de l'Administration centrale à la mairie ou réciproquement.

D'après M. Gory, le contrôle serait mieux assuré que par des fonctionnaires gratuits. Quand les secours seront délivrés par l'Administration, ils le seront nominalement au nom du directeur de l'Assistance publique, mais c'est sur la signature du chef du service des Secours qu'ils le seront effectivement dans la plupart des cas. Toute personne qui désirera les soins gratuits du médecin n'aura, comme actuellement, qu'à s'adresser au secrétariat de son arrondissement. Sur le rapport du visiteur, l'Administration déterminera la quotité du secours de malade qui pourra être accordé.

A cet effet, le service des visiteurs serait unifié comme il l'a été précédemment jusqu'en 1877.

Les enquêtes que l'Assistance publique doit faire pour :

L'admission des indigents dans les hospices ou aux secours représentatifs,

Le recouvrement des frais de séjour dans les hôpitaux,

L'allocation des secours,

La constatation de l'insolvabilité de certains débiteurs de l'Administration, entre autres les locataires des maisons urbaines, seraient faites par les mêmes agents.

On ne verrait plus ainsi trois visiteurs se présentant le même jour, à la même heure, dans la même maison, soit : un visiteur du bureau de bienfaisance faisant une enquête chez un malade traité à domicile, un visiteur de l'Administration centrale venant, par exemple, pour une demande de placement dans les hospices, un enquêteur pour un secours d'allaitement ou pour admission dans le service des Enfants moralement abandonnés.

Il y aurait ainsi double avantage pratique et économique : tous les secours émanant d'une même source, toutes les enquêtes étant faites par un service unique de visiteurs, il sera enfin possible de savoir exactement, non pas seulement le nombre de secours délivrés, mais le chiffre des personnes secourues.

En 1881, pour donner satisfaction aux demandes formulées par le Conseil de surveillance et le Conseil municipal, on avait établi à l'Administration centrale un répertoire général des personnes secourues par l'Assistance publique. Une fiche était faite au nom de toute personne qui, à un titre quelconque, recevait l'aide de l'Assistance publique, et chaque fiche relatait l'aide donnée sous quelque forme qu'elle l'ait été. Ces fiches permettaient d'abord de satisfaire promptement aux demandes de recherches qui sont adressées par le public, et ensuite et surtout de constituer un casier d'assistance indiquant d'une façon claire et succincte, pour chaque secouru, la nature et le nombre de secours de toutes sortes reçus. Cette tentative de constitution d'un casier d'assistance devait nécessairement avorter, parce qu'il n'était pas possible d'obtenir de tous les administrateurs qu'ils fournissent des renseignements exacts et réguliers. Avec le système proposé par M. Gory, ce répertoire général pourrait être facilement établi.

Telles sont, avec la suppression des secours en nature, les principales mesures de réforme préconisées par l'un des lauréats du concours des bureaux de bienfaisance.

Le mémoire présenté par M. Nielly, chef de bureau à l'Assistance publique, et classé premier *ex-æquo* avec le précédent, réclame également la pratique effective de la loi de 1849 et l'unité de la forme de secours préconisée par cette loi, sous la direction unique de l'administration de l'Assistance publique. En dehors de l'obligation de revenir à l'esprit de cette loi, si on ne veut pas faire intervenir les pouvoirs législatifs et si on veut réaliser un projet pratique, l'auteur du mémoire signale les avantages évidents de cette fusion des deux formes de secours publics, auxquels il est impossible de tracer des limites absolues. Les hôpitaux peuvent empiéter sur le domaine des secours à domicile de mille manières, tandis que le secours à domicile peut à son tour confondre son action avec celle des hôpitaux. Il faut donc n'avoir qu'une caisse des pauvres au siège de l'administration, transformer les bureaux de bienfaisance actuels en véritables succursales, émanations de l'Assistance publique, impuissants à disposer directement des fonds consacrés au soulagement des misères de leurs quartiers et ne possédant en propre que les revenus des donations dont ils ont été l'objet. Comme conséquence, substituer aux quêtes partielles une quête générale.

L'Administration centrale, avec les documents complets qu'elle possède, et suivant les besoins qui lui seraient signalés par les bureaux-succursales, dresserait chaque année un tableau des prévisions et, sans répartition définitive par arrondissement, conserverait la faculté de se mouvoir suivant les indications des bureaux.

Le rôle de ces bureaux reconstitués sous la forme de commissions de surveillance, et composés des mandataires de la population, serait, par une constante surveillance exercée soit directement, soit par l'intermédiaire de délégués, soit enfin avec l'aide des agents salariés des bureaux, de signaler la situation spéciale de tous les indigents, de réclamer pour eux des secours proportionnés à leurs charges et à leurs misères momentanées, en un mot de demander, en tuteurs soigneux, à la caisse générale des pauvres le nécessaire et rien au delà. Le rouage administratif des bureaux serait ainsi singulièrement simplifié. Les administrateurs, conseillers et officiers municipaux, veillant de haut, quoique d'une façon intime, sur leurs commettants pauvres, se borneraient à signaler leurs misères et à réclamer des secours d'une caisse toujours empressée à satisfaire aux demandes. Les secrétariats deviendraient de simples agences de paiement, d'inscription d'ordre et d'enquêtes.

En ce qui concerne la forme même du secours, l'auteur du mémoire demande la classification des malheureux en deux catégories : ceux auxquels la société doit un secours fixe et définitif comme aveugles, paralytiques, etc., vieillards âgés de plus de 70 ans, auxquels il propose d'allouer uniformément 1 franc par jour ; orphelins, enfants allaités par leur mère, vieillards âgés de moins de 70 ans et de plus de 64, recevant les uns pendant une durée déterminée; les autres jusqu'à l'âge de la pension représentative, un secours mensuel dont la quotité sera fixée aussi largement que possible, en attendant qu'on puisse le porter uniformément à 1 franc.

A ceux que des circonstances malheureuses plongent momentanément dans la misère, on allouerait un secours extraordinaire, d'une importance indéterminée, que fixeront seules la gravité de la situation et la lourdeur des charges, dûment constatées. Ce secours, toujours temporaire, se prolongera autant que les membres de la Commission le jugeront nécessaire, et que le permettront les ressources dont l'Administration disposera.

En ce qui concerne les indigents traités à domicile, qui rentrent naturellement dans la catégorie des secours extraordinaires, l'auteur du mémoire estime que, l'état d'indigence étant bien constaté, la maladie doit être considérée comme une aggravation de la misère et le secours fixé à 1 franc par jour; tant que le chômage subsiste par état de maladie, le secours est dû, il y a impuissance constatée de travail, la société intervient et ne cesse d'intervenir tant que dure l'affection. Au point de vue du secours médical, il demande une réforme complète du mode de nomination des médecins. Le malade doit, à son avis, et autant qu'il est possible, pouvoir recevoir les soins du praticien que sa confiance recherche.

Enfin, il juge indispensable de créer l'annexe hospitalière, la maison de secours dispensaire, fonctionnant de telle sorte que les malades non alités puissent y trouver, sans les déplacements qu'exige le recours à l'hôpital, les consultations quotidiennes avec exécution immédiate, dans la pharmacie du dispensaire, des ordonnances portant prescriptions médicamenteuses, des consultations périodiques de médecins et chirurgiens du Bureau central, avec les soins de pansements et délivrance d'appareils centralisés aujourd'hui dans un seul établissement, l'Hôtel-Dieu, des consultations également périodiques pour les maladies spéciales, et enfin, selon les circonstances, dans les maisons éloignées du centre hospitalier, des installations balnéaires et hydrothérapiques, les soins immédiats que peuvent nécessiter les accidents survenus sur la voie publique et, à un autre point de vue, la délivrance de soupe aux indigents vagabonds, complément de ces maisons-dispensaires.

En dehors de notre concours officiel, d'autres propositions plus ou moins aventureuses ont surgi de différents côtés. Avec sa générosité habituelle, la presse n'a pas manqué, à l'occasion de faits divers retentissants et de drames de la misère, de formuler des critiques plus ou moins vives, plus ou moins injustes; au moins tous les abus, même ceux qui tiennent à la nature des choses, ont été mis en saillie ; une sorte d'émulation a poussé les publicistes comme les administrateurs à étudier le grand et difficile problème de la bienfaisance publique.

Au premier rang de ces collaborateurs du dehors, un écrivain, qui a fait une étude particulière de l'assistance publique en Allemagne, M. P.-A. Le Roy, s'est élevé avec force contre la routine parisienne ; il s'est donné pour tâche de vulgariser en France le système d'informations connu sous le nom de système d'Elberfeld.

A Berlin, où fonctionne ce système, 2,258 citoyens exercent les fonctions gratuites de commissaires des pauvres pour 17,619 indigents inscrits (sans compter les nourrissons), tandis qu'à Paris le nombre de ces commissaires est seulement de 930 pour 89,774 pauvres.

M. Le Roy fait ressortir, avec preuves à l'appui, que l'adoption du système d'Elberfeld entraîne une diminution notable des dépenses de l'assistance publique. Ainsi, par exemple, pour Fribourg-en-Brisgau, la dernière ville allemande qui se soit approprié ce mode d'assistance, les dépenses ont été, en 1887, de 167,984 marks ; en 1888, de 172,977, et en 1889, par suite de l'application complète du nouveau système, de 130,457 marks.

D'une manière plus générale, les communes allemandes ont, pour se défendre contre le flot toujours montant des dépenses

de l'assistance publique, un domicile de secours de deux années, une loi restrictive du droit de séjour, que nul ne songe
à proposer à notre admiration, et enfin les nouvelles institutions d'assurance obligatoire contre les maladies.

Au point de vue de la distribution des secours, le système
allemand est plus large et prévoit des éventualités plus nombreuses.

Voici pour l'Allemagne entière un tableau statistique que
j'emprunte à M. Le Roy (1) :

CAUSES DU BESOIN DE L'ASSISTANCE	NOMBRE des ASSISTÉS individuels	NOMBRE des COASSISTÉS	NOMBRE TOTAL des ASSISTÉS
Par accident.. { Lésions et blessures.........	16,609	15,886	32,495
Lésions du soutien de famille.	1,500	3,644	5,144
Mort du soutien de famille...	5,765	9,148	14,913
Mort naturelle du soutien de famille........	133,023	140,916	273,939
Maladie de l'assisté et de sa famille........	242,698	201,800	444,498
Faiblesse de corps et d'esprit...............	142,800	54,292	197,092
Faiblesse sénile.......................	196,093	28,859	234,952
Grand nombre d'enfants...............	21,360	93,786	115,146
Manque de travail............	35,427	60,041	95,468
Ivrognerie............................	13,960	18,464	32,424
Aversion du travail...................	11,315	11,213	22,528
Autres causes déclarées...............	65,156	57,058	122,214
Causes non déclarées.............. ..	865	708	1,573
TOTAUX.....	886,571	705,815	1,592,386

Il n'est pas inutile de relever, parmi les titres aux secours,
celui tiré du nombre d'enfants. Ce n'est pas un des moindres
défauts de notre règlement de 1886 d'avoir exclu des secours
permanents les familles nombreuses qui ne peuvent se suffire à
elles-mêmes.

Il n'entre pas dans notre esprit d'engager sur cette grave
question la politique hospitalière du Conseil ; la Commission
du budget n'en a pas plus le désir que nous-même, c'est à le

5° Commission qu'il appartient de provoquer au sein du Conseil un débat digne d'un tel sujet.

Pour nous, la seule conclusion pratique et immédiate à laquelle nous nous arrêtons est celle-ci : c'est que le *statu quo* ne peut durer, que l'organisation des secours à domicile est à remanier de fond en comble, et que le décret du 22 août 1886 doit être soumis à une révision nécessaire.

A cet effet, nous demandons instamment au Gouvernement de saisir le Conseil supérieur de l'Assistance publique, assez compétent pour en délibérer en connaissance de cause, suffisamment pénétré de ses devoirs pour tenir le plus grand compte des vœux coordonnés et de l'opinion réfléchie du Conseil municipal de Paris en pareille matière.

Réformes hospitalières.

L'Administration ne paraît pas avoir fait grand cas de notre vœu relatif à l'établissement annuel d'une statistique médicale de chacun de nos hôpitaux, par service et par salle. Cette note de rappel l'amènera peut-être à déférer à notre désir.

Il est grand temps que le service de nos consultations externes soit enfin organisé sur de meilleures bases. Le Conseil municipal n'a jamais cessé de se plaindre par l'organe de ses différents rapporteurs.

« Malgré leur zèle et leur dévouement, écrivions-nous l'an dernier, beaucoup de chefs de service ne peuvent tout faire à la fois ; ils sont débordés. Trop souvent ils se voient contraints de sacrifier la visite à la consultation ou réciproquement.

« Il n'est pas question de déposséder complètement les chefs de service de toute consultation ; ce serait leur enlever une prérogative qui leur tient à cœur, et ce serait, dans un grand nombre de cas, aller contre le vœu des consultants eux-mêmes, attirés à un hôpital par la confiance que leur inspire un médecin ou un chirurgien renommé. Rien n'empêche néanmoins d'imaginer un moyen ferme qui satisfasse tous les intérêts en présence.

« Les médecins et chirurgiens du Bureau central, à l'exception d'un petit nombre d'entre eux, ne demanderaient pas mieux que d'être chargés spécialement de consultations. Par un roulement établi de concert avec les chefs de service, on pourrait ainsi avoir tous les jours une *consultation externe* très sérieuse, plus forte pour la clientèle traitée à domicile que pour l'admission des malades à l'hôpital. »

Les médecins des hôpitaux eux-mêmes ne sont pas sans reconnaître hautement ce que le système actuel a de défectueux. M. le docteur Henri Huchard, chargé récemment d'une mission scientifique en Russie, n'hésite pas à se prononcer contre le mode actuel de recrutement des hôpitaux par le Bureau central et à recommander le système russe d'*ambulatoria* (hôpitaux de consultations) disséminés dans la ville.

A Saint-Pétersbourg et à Moscou, comme nous avons pu nous-mêmes nous en rendre compte, les consultations externes sont toutes faites par des médecins spéciaux. M. le docteur Huchard a relevé, pour l'hôpital St-Georges de St-Pétersbourg, le chiffre presque fabuleux de 158,798 consultations en 1886, soit une moyenne de 435 malades par jour ; chaque visite de consultant revient à 12 ou 13 kopecks (30 centimes environ) y compris les remèdes fournis gratuitement.

Les consultations à l'hôpital Saint-Georges sont divisées en onze catégories :

1° *Maladies internes.* — 69,571 consultations en 1887 ; elles ont lieu tous les jours, excepté le lundi, et sont faites par dix médecins ;

2° *Maladies chirurgicales*. — 45,435 consultations (en 1887) qui ont lieu tous les jours ; 3,902 petites opérations pratiquées, en moyenne 12,5 par jour ; elles sont faites par quatre chirurgiens ;

3° *Maladies des yeux*. — 11,711 consultations ayant lieu tous les jours et faites par une demoiselle, ayant son diplôme de docteur ;

4° *Maladies nerveuses*. — 8,012 consultations ayant lieu 3 fois par semaine ; 4 médecins y sont attachés ;

5° *Maladies des enfants*. — 6,571 consultations ayant lieu 2 fois par semaine ; 3 médecins ;

6° *Maladies des femmes*. — 4,843 consultations ayant lieu 3 fois par semaine ; 10 médecins ;

7° *Maladies éruptives*. — 3,932 consultations ayant lieu 2 fois par semaine ; 4 médecins ;

8° *Maladies du larynx et du pharynx*. — 2,240 consultations ayant lieu 2 fois par semaine ; 3 médecins ;

9° *Maladies de l'oreille*. — 3,040 consultations ayant lieu 2 fois par semaine ; 2 médecins ;

10° *Maladies de la peau*. — 720 consultations ; 2 médecins ;

11° *Maladies des dents*. — 2 médecins.

Aussi M. le docteur Huchard ne recule pas devant la conclusion à tirer de cet instructif parallèle :

Ce système de consultations vraiment *sérieuses* ne devrait-il pas être imité en France ? Chez nous, ce sont, comme on le sait, les médecins des hôpitaux qui en sont chargés. Or, de deux choses l'une : ou ils le font sérieusement, et c'est alors au détriment des malades de leur service, car, en supposant qu'ils ne disposent que de dix minutes pour chaque malade du dehors, il leur faudra donc plus de 8 heures pour voir une moyenne de 50 malades ; ou ils ne les font pas sérieusement, et alors elles n'ont plus leur raison d'être.

Pourquoi donc le personnel des médecins *consultants* ne serait-il pas distinct de celui des médecins *titulaires* des hôpitaux, et pourquoi les candidats au Bureau central ne seraient-ils pas chargés de ces consultations ?

L'amélioration du fonctionnement des consultations aurait encore un grand avantage au point de vue budgétaire, car les admissions dans les hôpitaux, étant moins facilement accordées, seraient moins nombreuses, et tels malades que l'on reçoit après un examen insuffisant pourraient être traités dans ces *ambulatoria*. C'est là une des raisons pour lesquelles l'encombrement des salles par de nombreux brancards est chose absolument inconnue en Russie. Donc, au triple point de vue budgétaire, hygiénique et humanitaire, ce système d'*ambulatoria* réalise un progrès considérable que nous devons suivre tôt ou tard (1).

Un service complet de consultations sérieuses aura plus d'un avantage ; il aura surtout pour effet de prévenir l'encombrement dans les hôpitaux et d'alléger les finances hospitalières.

Quelle que soit notre déférence pour le corps distingué des médecins et des chirurgiens des hôpitaux, il ne nous est pas possible de laisser dans l'ombre une des conséquences fâcheuses du cumul entre les fonctions de chef de service et celles de médecin consultant.

En raison du roulement établi entre les chefs de service de chaque hôpital pour la consultation, les médecins traitants, désireux de recevoir dans leurs salles les malades les plus intéressants, attendent leur jour de consultation pour signer

---

(1) *Une mission scientifique en Russie*, par Henri Huchard, médecin de l'hôpital Bichat. — Paris, 1890. — Aux bureaux de la *Revue générale de clinique et de thérapeutique*, 66, rue de Ponthieu.

l'*exeat* des malades convalescents. Il arrive ainsi qu'un nombre de lits assez élevé se trouve occupé par des malades dont la sortie n'est retardée que par les convenances personnelles du médecin. Cet inconvénient, en quelque sorte inévitable, ne disparaîtra que le jour où le service de la consultation externe sera complètement réorganisé.

HAVRE. — IMPRIMERIE DU COMMERCE, 8, RUE DE LA BOURSE.